# 目 录

# 序

　　当下我们所处的时代，正经历世界百年未有之大变局，正处于实现中华民族伟大复兴关键时期。"夫物有胜，唯道无胜，所以无胜者，以其无常形势也。"纵览世界数千年历史，国家的盛衰、民族的起落、文化的兴亡，无不与"时"和"势"相关。如何让广大民众科学客观地看待当今我们所面对的"时"和"势"，如何教育引导大学生正确认识世界和中国发展大势、中国特色和国际比较、时代责任和历史使命以及远大抱负和脚踏实地，是"形势与政策"教育的根本旨归之所在，也是高校思想政治理论课的重要目标之所在。

　　"培养什么人、怎样培养人、为谁培养人"是高校面临的根本问题。形势与政策课作为思想政治理论课本科生"4+1"课程中的"1"，是高校开展形势政策教育的主渠道、主阵地。自 2013 年开始，武汉大学着力把形势与政策教育放在更加重要的位置，将形势与政策课程列为本科生必修课，与其他 4 门本科生思想政治理论课同等重视、同时建设。经过几年的摸索，形势与政策教育的领导体制和工作机制更加健全，师资队伍建设更加完善，教育教学方式方法更加丰富多样，与大学生思想政治教育更加紧密地结合，针对性和实效性更强。武汉大学的形势与政策课正逐步成为学生真心喜爱、终身受益、毕生难忘的精彩一课。

　　2018 年春季学期，为了更好地发挥形势与政策课程在学校立德树人中的重要作用，武汉大学启动了形势与政策课程教学改革，推出示范课堂——"珞珈开讲"，邀请知名学者、优秀教师、校友等共同参与到课程中来，从更加专业的角度，讲述我们这个时代正在发生的变化，力图打造既有"温度"又有"热度"的形势与政策课。当年的 4 月 27 日，首届全国高校青年教师教学竞赛一等奖得主、经济与管理学院教授杜莉首次登上"珞珈开讲"的讲台，为大学生们讲述《中国宏观经济形势分析——中国之变》。几年下来，"珞珈开讲"累计已举办 27 场报告。参与"珞珈开讲"的老师，既有武汉大学的院士、资深教授和知名学者，如李建成、徐红星、胡德坤、周叶中、沈壮海、唐其柱、丁俊萍、秦前红、贺雪峰、李佃来等；也有一批长期奉献在教学一线的优秀教师，如李少军、赵江南、阮建平、余振、储建国、杨军、倪彬彬、张晓通、伍华军等; 还有全国范围内的知名学者和专业人士，如张燕生、杨希雨、刘亚东等。这些课程论题较为广泛，谈宪法、讲扶贫、论科技，分析经济形势、论道法治建设，从宇宙空间到美丽中国，从中美贸易摩擦到提振文化国力，既有高大上的大国外交思想，也有接地气的乡村振兴战略。"珞珈开讲"示范课堂用有热度、有深度、有温度的知识传授和内容引导，激励学生把爱国情、强国志、报国行内化于心、外化于行，做到了因事而化、因时而进、因势而新，覆盖学生数万人，受到广泛欢迎，把课真正上到了学生心坎儿里。

2019 年，为了庆祝新中国成立 70 周年，深入学习习近平总书记关于"三个为什么"（中国共产党为什么"能"、马克思主义为什么"行"、中国特色社会主义为什么"好"）的重要论述，武汉大学开展了"珞珈开讲"之"庆祝新中国成立 70 周年同上一堂课"活动。为切实把"三个为什么"讲清楚、讲明白，推动党的创新理论深入课堂、深入人心，学校组织了 20 余名领导干部和专家学者组成宣讲团，通过举办专题报告会等形式进行宣讲，并将"三个为什么"融入思想政治理论课和有关专业课程教学中。为此，我和校长窦贤康同志也参与其中，分别以《风景为什么这边独好——兼论"三个为什么"》《中国制度优势与一流大学建设》为题各宣讲了两次。一大批老师深入到院系组织，通过课堂讲授、专题报告、讨论交流，开展"三个为什么"系列宣讲活动，在全校形成了一定声势，得到了师生积极的回应和评价，在校外也产生了一些影响。

应该说，这些年来武汉大学在加强思想政治理论课建设包括形势与政策教育方面做了一些有益的探索，取得了积极成效。这次我们精选了"珞珈开讲"的部分内容，围绕"三个为什么"等重大选题和中美贸易摩擦、乡村振兴、生态文明、大国外交、防范和化解风险挑战等热点话题，邀请武汉大学的专家学者和校友参与其中，撰写了教案，录制了视频。部分视频已经在"学习强国"推送，总点击量超过百万次。我们将这些视频结集出版，冠之以"时势中国"系列，希望能够继续将这一富有意义的事业坚持不懈地做下去，逐步形成武大思政课教学改革的一道风景。

习近平总书记在学校思想政治理论课教师座谈会上指出，"当前形势下，办好思政课，要放在世界百年未有之大变局、党和国家事业发展全局中来看待，要从坚持和发展中国特色社会主义、建设社会主义现代化强国、实现中华民族伟大复兴的高度来对待。"形势与政策课是一门理论武装时效性、释疑解惑针对性、教育引导综合性都很强的思想政治理论课。推动思想政治理论课改革创新，迫切需要增强思政课的思想性、理论性和亲和力、针对性。在激烈的国际竞争和复杂的内外环境下，我们希望能够通过形势与政策课等一系列课程的改革创新，推动思想政治理论课和其他各门课程同向同行，通过课堂教学与日常思想政治教育的协同协力，发挥融入式、嵌入式、渗入式的立德树人协同效应，共同营造全员、全程、全方位的育人格局。我们衷心期盼大学生能够在新时代主动肩负起历史重任，将"小我"融入"大我"，胸怀大局、把握大势、着眼大事，把自己的学习和追求融入建设社会主义现代化强国的伟大事业中去，为实现中华民族伟大复兴而努力成才、奋斗不息。

是为序。

武汉大学党委书记 韩进

2020 年 9 月 28 日

# 马克思主义为什么"行"

主讲人：袁银传

扫 码 看 视 频

## 主讲人简介

　　**袁银传，**武汉大学二级教授、珞珈特聘教授、马克思主义学院博士生导师，国家重点学科和双一流学科马克思主义基本原理学科点负责人和学术带头人，入选教育部新世纪优秀人才支持计划。曾任武汉大学马克思主义学院副院长，现任中国历史唯物主义学会副会长，全国高校马克思主义理论学科研究会副秘书长等重要学术职务。2018 年 5 月 4 日出席北京人民大会堂"纪念马克思诞辰 200 周年大会"。

## 内 容 简 介

本课程从历史逻辑、理论逻辑、实践逻辑三重维度解读马克思主义为什么"行"。从历史逻辑视域，解读了近代以来中华民族和中国人民探寻民族独立和解放、人民富裕和幸福的艰辛历程，分析了中华民族和中国人民选择马克思主义的历史必然性；从理论逻辑视域，解读了马克思主义理论是科学的理论、人民的理论、实践的理论、与时俱进的开放发展的理论，既占据科学真理制高点，又占据人类道义制高点；从实践逻辑视域，解读了中国革命、建设、改革实践，证明只有以马克思主义为指导才能实现中华民族由站起来、富起来到强起来的伟大历史飞跃。

## 内 容 精 要

### （一）马克思主义"行"的理论逻辑——马克思主义的基本特征

马克思主义是科学的世界观和方法论，是人类认识世界和改造世界的锐利思想武器。马克思主义之所以"行"，首先是由它的基本理论特征决定的。

**1. 马克思主义是科学的理论，它科学揭示了人类社会发展规律，具有高度科学性，占据人类真理的制高点**

马克思、恩格斯走向历史的深处，他们不是从思辨哲学或者抽象伦理道德原则出发主观建构未来美好社会，而是把社会历史的发展和美好生活的实现看成是一个合乎社会发展规律的自然历史过程。马克思、恩格斯在科学揭示社会历史发展的客观规律，特别是资本主义产生、发展、灭亡规律的基础上，科学指明了未来美好社会发展的前途和道路，并且把变革资本主义旧世界、建设美好的社会主义和共产主义新世界的历史使命与社会力量赋予无产阶级和劳动群众。

**2. 马克思主义是人民的理论，第一次创立了人民实现自身解放的思想体系，占据人类道义的制高点**

人民群众是历史的创造者和社会实践的主体。马克思主义理论体系博大精深，归根到底就是一句话："为人类求解放、为人民谋幸福。"在马克思主义产生之前，以往社会上占统治地位的理论都是为少数统治阶级服务的。而马克思主义第一次站在人民大众立场探求人类自由解放的道路，以科学的理论为最终建立一个没有压迫、没有剥削、人人平等、人人自由的理想社会指明了方向。马克思主义之所以具有跨越国度、跨越时代的磅礴伟力，就是因为它植根人民群众之中，指明了依靠人民群众推动历史前进的人间正道。

**3. 马克思主义是实践的理论，指引着人民改造世界的行动**

实践是马克思主义哲学以及整个马克思主义理论体系最基础、最核心的范畴。马克思、恩格斯从物质资料生产实践即生产劳动出发，找到了理解全部人类社会历史发展的"钥匙"，创立了科学的社会主义。实践的观点、生活的观点是马克思主义理论的基本观点，实践性是马克思主义区别于其他理论的本质特征。马克思主义不是书斋里的学问，而是为了改变人民历史命运而创立的，是在人民求解放的实践中形成的，也是在人民求解放的实践斗争中得到检验并且丰富和发展的，为人民认识世界、改造世界提供了强大精神武器。

**4. 马克思主义是不断发展的开放的理论，始终站在时代前沿**

马克思主义强调理论必须来源于实践又指导实践，并且在实践中不断检验、丰富和发展。马克思、恩格斯一再告诫人们，马克思主义理论不是教条，而是行动指南，必须随着实践的变化而发展。习近平总书记强调指出："中国 40 年改革开放给人们提供了许多弥足珍贵的启示，其中最重要的一条就是，一个国家、一个民族要振兴，就必须在历史前进的逻辑中前进、在时代发展的潮流中发展。"一部马克思主义发展史就是马克思、恩格斯以及他们的后继者们不断根据时代、实践、认识发展而发展的历史，是吸收人类历史上创造的一切优秀思想文化成果、不断丰富和发展自己的历史。

## （二）马克思主义"行"的历史逻辑——马克思主义是实现中华民族伟大复兴中国梦的指路明灯

实现中华民族的伟大复兴是近代以来中国人民努力追寻的梦想，也是中国共产党人与生俱来的历史使命和为之奋斗的现实价值目标。中国共产党深深扎根于中华民族之中。党从成立那一天起，就是中国工人阶级的先锋队，同时是中国人民和中华民族的先锋队，肩负着实现中华民族伟大复兴的庄严使命。在新民主主义革命时期，我们党团结和带领全国各族人民完成民族独立和人民解放的历史任务，为实现中华民族伟大复兴创造了前提。

新中国成立后，党创造性地完成由新民主主义到社会主义的过渡，实现中国历史上最伟大最深刻的社会变革，开始了在社会主义道路上实现中华民族伟大复兴的历史征程。党的十一届三中全会以来，中国共产党人找到中国特色社会主义建设的正确道路，赋予民族复兴新的强大生机，中华民族的伟大复兴展现出灿烂的前景。历史表明，只有以马克思主义为理论指导，在中国共产党的领导下，走中国特色社会主义道路，中华民族才能实现伟大复兴。

鸦片战争后，中国变成了半殖民地半封建社会。为了救亡图存，许多志士仁人艰苦求索，寻找救国救民、振兴中华、实现民族复兴的真理和道路。为了改变自己的悲惨境遇，中国人民进行了英勇卓绝、可歌可泣的斗争。历史事实表明，不触动封建根基的自强运动和改良主义，旧式的农民战争，资产阶级革命派领导的民主革命，以及照搬西方资本主义的其他种种方案，都不可能改变中国半殖民地半封建的社会性质，不可能完成救亡图存、民族复兴的历史使命。

1917 年和 1919 年，俄国和中国发生了两件大事，这就是俄国的十月革命和中国的五四运动。十月革命一声炮响，给我们送来了马克思列宁主义这一先进的科学理论。正是有了马克思列宁主义这个认识世界和改造世界的"指路明灯"，中国人的精神才由被动转向主动。马克思主义与中国实际相结合，诞生了中国共产党，有了中国共产党，中华民族和中国人民才有主心骨，久经磨难的中华民族才迎来了从站起来、富起来到强起来的伟大飞跃。

以毛泽东同志为主要代表的中国共产党人，以马克思主义与中国实践相结合的第一大理论成果——毛泽东思想为指导，团结带领中华民族和中国人民，使我们"站起来"了；以邓小平、江泽民、胡锦涛为主要代表的中国共产党人，把马克思主义基本原理与中国社会主义建设和改革开放的具体实际相结合，形成了邓小平理论、"三个代表"重要思想、科学发展观，使我们"富起来"了；党的十八大以来，以习近平同志为核心的党中央，团结带领中华民族和中国人民，使中国特色社会主义进入新时代，形成了21世纪马克思主义、当代中国马克思主义——习近平新时代中国特色社会主义思想，使中华民族和中国人民"强起来"了。

### （三）马克思主义"行"的实践逻辑——中国特色社会主义实践证明马克思主义"行"

中国改革开放40年的成功密码，归根到底是马克思主义中国化的成功，是马克思主义与中国实践和时代特征相结合的中国特色社会主义的成功。中国改革开放40年的成功之道说一千道一万，归根到底是我们坚持和发展中国特色社会主义。

**1. 从人类文明发展史看，中国特色社会主义深刻彰显人类文明发展道路的多样性，彻底解构了"西方中心论"构建的话语体系**

在人类漫长的文明发展史中，欧洲的崛起只是短暂的瞬间，欧洲文明只是人类文明发展的一种形式而不是普遍形式，更不是唯一形式。可是一些西方学者却将其披上理论的外衣并且加以教条化，将西方文明解释成为人类文明的模板或典范，将西方价值"建构"成为人类文明的所谓"普世价值"。中国改革开放40年的实践证明：中国没有选择走西方资本主义的老路，没有走苏联传统计划经济的封闭僵化道路，也没有走苏联东欧"改旗易帜"的歪路，而是坚定不移地走中国特色社会主义道路。这条道路坚持把马克思主义基本原理与中国的具体实际和时代特征相结合，既坚持了科学社会主义的基本原则，又根据中国实际和时代特征赋予其鲜明的中国特色；既继承和延续中国自己的文化基因和主线，又吸纳包括中华优秀传统文化和西方优秀文化在内的人类文明的丰富成果，并且在吸收继承基础上进行实践创新、理论创新、制度创新和文化创新。其取得的巨大成功，以铁的事实和"实践逻辑"彻底解构了"西方中心论"的话语体系，雄辩地证明一个不同于资本主义的新世界是完全可能的。

**2. 中国特色社会主义充分彰显社会主义制度优越性和生命力，对于社会主义国家以及其他发展中国家选择本民族的发展道路和社会制度具有借鉴意义**

中国特色社会主义从以下四个方面彰显社会主义的强大生命力和巨大优越性：第一，中国特色社会主义道路的成功开辟，突破了苏联僵化的社会主义模式，给社会主义注入了强大生机和活力。第二，中国特色社会主义理论体系的科学形成，使科学社会主义理论得以丰富和发展，更加具有包容性、开放性、解释力和生命力。第三，中国特色社会主义制度的确立完善，充分彰显社会主义制度集中力量办大事的显著优势和巨大优越性。第四，中国特色社会主义文化创新发展，为中华民族伟大复兴提供了源源不断的智力支持和强大精神动力。

**3. 从中华民族复兴史看，中国特色社会主义成功地解决了中国革命、建设和改革开放各个历史阶段的任务，是中华民族实现伟大复兴中国梦的光辉旗帜**

中国共产党成立之后，中国共产党人把马克思主义基本原理与中国的具体实际相结合，不断推进马克思主义中国化、时代化、大众化，团结和带领人民通过新民主主义革命，实现了中国从几千年封建专制制度向人民民主制度的伟大跨越，实现了中国高度统一和各民族空前团结，彻底结束了旧中国半殖民地半封建社会的屈辱历史；通过社会主义革命，确立了社会主义基本制度，创造性地实现由新民主主义到社会主义的转变，实现了中国历史上最广泛最深刻的社会变革，建立起独立的比较完整的工业体系和国民经济体系，从而开启了在社会主义道路上实现中华民族伟大复兴的历史征程；通过社会主义现代化建设和改革开放的实践发展，使得中华民族和中国人民迎来了从"站起来"、"富起来"到"强起来"的伟大历史飞跃。

# 中国共产党为什么"能"

主讲人：伍华军

扫码看视频

## 主讲人简介

**伍华军**，湖北襄阳人，中共党员，法学博士，现为武汉大学法学院副教授、硕士生导师、武汉大学党内法规研究中心研究员，研究领域为宪法与行政法学、党内法规制度、两岸及港澳法制。香港城市大学法律学院、美国东北大学法学院访问学者。

兼任武汉大学党内法规研究中心办公室主任，武汉大学两岸及港澳法制研究中心办公室主任，中国人民大学台湾法律问题研究所研究员，中国宪法学研究会理事，湖北省法学会宪法学研究会秘书长、常务理事，湖北省地方立法研究会副秘书长、常务理事，襄阳市人民政府法律顾问、行政复议委员会专家委员等。

## 内 容 简 介

　　中国共产党自成立以来，始终坚守以人民为中心，团结带领人民，坚持把马克思主义基本原理同中国具体实际相结合，赢得了中国革命胜利，建立和完善社会主义制度，加强和完善国家治理，取得了历史性成就。

　　中国共产党之所以能带领中国人民取得如此巨大的成功，坚持中国特色社会主义理论体系是我们党的革命之魂，坚持和加强党的全面领导是我们党的成功之道，坚持以人民为中心是我们党的力量之源，坚持全面从严治党是我们党的根本之策。

## 内 容 精 要

### （一）坚持中国特色社会主义理论体系是我们党的革命之魂

#### 1. 高度注重思想建党、理论建党

　　中国共产党在中国革命中战胜敌人的三个法宝是统一战线、武装斗争和党的建设。我们党是高度重视理论建设和理论指导的党，强调理论必须同实践相统一。思想理论是现代政党的精神要素，高度注重思想建党、理论建党，高度注重党的理论创新和理想信念教育的统一，打造党的革命之魂、精神之魄，是中国共产党的显著特征和巨大优势。中国共产党坚持把马克思主义基本原理同中国具体实际相结合，不仅取得了中国革命的成功，而且创造了中国发展的奇迹。

#### 2. 近代中国的艰难摸索

　　1840 年，鸦片战争爆发。从此，一个四方来贺、万邦来朝的天朝上国，国门洞开、走向衰弱，中华民族陷入深重苦难。倡导"师夷长技以制夷"的洋务运动失败了，倡导政治改革的戊戌变法又失败了。1911 年辛亥革命，推翻了统治中国两千多年的封建帝制，以巨大的震撼力和影响力推动了中国社会变革。但是，这场民族民主革命并没有带来一个民主共和的现代民族国家。二次革命、袁氏称帝、张勋复辟、护法战争、军阀混战……各种主义与政治主张"你方唱罢我登场"，近代中国在革命与复辟、共和

与帝制中艰难摸索，依然没有结束风雨飘摇的命运。

### 3. 中国共产党不断推进理论创新和马克思主义中国化

十月革命一声炮响，给中国送来了马克思主义。1921 年中国共产党诞生后，中国革命史翻开了崭新的一页。中国共产党从成立之日起，始终坚持以马克思主义为指导思想。中国共产党的重要历史经验，就是把马克思列宁主义基本原理与中国革命和建设的具体实际相结合，不断推进理论创新和马克思主义中国化，并用其指导实践。把理论和实践密切结合，中国共产党创立和形成了毛泽东思想、邓小平理论、"三个代表"重要思想、科学发展观和习近平新时代中国特色社会主义思想。党的十八大以来，中国特色社会主义进入新时代，实现了近代中国以来从"赶上时代"到"引领时代"的伟大跨越。

### 4. 中国共产党在正确理论指导下创造了伟大奇迹

新中国成立 70 年来，我们创造了经济发展的伟大奇迹，创造了民生改善的伟大奇迹，创造了科技进步的伟大奇迹，更加创造了制度创新的伟大奇迹。作为一套科学理论，马克思主义如同壮丽的日出，照亮了人类探索历史规律和寻求自身解放的道路。中国共产党为什么"能"？因为它始终坚持把马克思主义基本原理同中国具体实际相结合，坚持用马克思主义中国化成果指导革命、建设、改革，取得了举世瞩目的伟大成就。中国共产党还将继续"能"！因为它将始终坚持中国特色社会主义理论体系，领导救国、兴国、强国这一接续奋斗的历史进程，进而实现中华民族伟大复兴的完整事业。

## （二）坚持党的全面领导是我们党的成功之道

### 1. 共产党领导中国的革命、建设、改革，是历史的选择、人民的选择

中华民族的无数仁人志士苦苦探索救国救民的道路，虽慷慨激昂，但都抱憾而终，中国人民依旧生活在贫穷、落后、分裂、动荡、混乱的苦难深渊中。在马克思列宁主义同中国工人运动相结合的进程中，中国共产党应运而生。中国共产党的成立是近代中国开天辟地的大事，犹如划破旧中国沉沉黑暗的闪电，照亮了中国革命前进的道路。中国共产党带领中国人民经过 28 年艰苦卓绝的斗争，推翻了"三座大山"，完成了新

民主主义革命，建立了新中国，中华民族也真正迎来了走向繁荣富强、走向伟大复兴的曙光。有了共产党，中国的革命、建设、改革开放面貌就焕然一新。这是中国人民从长期奋斗历程中得到的最基本最重要的结论。这是历史的选择、人民的选择。

**2. 中国共产党的坚强领导使中国发生历史性变革、取得历史性成就、见证历史性奇迹**

中国共产党成立 98 年、新中国成立 70 年来，中国的面貌发生了翻天覆地的根本变化。正是因为中国共产党的坚强领导，中国航船才能发生历史性变革、取得历史性成就、见证历史性奇迹。在中国共产党的领导下，中国创造了经济发展奇迹。在中国共产党的领导下，中国人民社会地位得到极大提升。在中国共产党的领导下，中国特色社会主义焕发出强大生机活力。中国共产党通过一系列制度创新，使中国人民形成了最广泛的社会共识和政治决断，一心一意谋发展、聚精会神搞建设，创造一个又一个彪炳史册的人间奇迹。

**3. 新时代必须坚持和加强党的全面领导**

党政军民学，东西南北中，党是领导一切的。新时代必须坚持和加强党的全面领导，发挥党总揽全局、协调各方的领导核心作用。中国特色社会主义制度和新型政党制度，形象地说是"众星捧月"，这个"月"就是中国共产党。必须把党的政治建设摆在首位，自觉强化政治责任，提高政治能力。加强党对一切工作的领导，要落实到国家治理体系的众多子系统之中，落实到改革发展稳定、内政外交国防、治党治国治军等各领域、各方面、各环节。

## （三）坚持以人民为中心是我们党的力量之源

### 1. 无数中国共产党党员在平凡的岗位上作出不平凡的奉献

1944 年 9 月 5 日，张思德牺牲时年仅 29 岁。毛泽东同志亲自参加追悼会，献了花圈，亲笔题写挽词并发表悼念讲话，对他的革命精神与思想境界给予高度赞扬。1962 年 8 月 15 日，雷锋同志不幸牺牲，年仅 22 岁。毛泽东同志亲自题词，号召全党全国全军学习他从人民利益出发，全心全意为人民服务的好思想、好作风、好品德。2018 年 11

月 16 日，在江西省九江市修水县，基层干部夫妇吴应谱和樊贞子牺牲时年仅 29 岁和 24 岁。从张思德、雷锋到吴应谱、樊贞子夫妇，无数中国共产党党员在平凡的岗位上作出不平凡的奉献。

### 2. 中国共产党人的初心是为人民谋幸福

习近平总书记指出："为人民谋幸福，是中国共产党人的初心。"把人民立场作为根本政治立场，决定了中国共产党人的初心就是为人民谋幸福。得民心者得天下。千千万万的中共党员，为什么能抛头颅、洒热血，为什么能舍小家、顾大家？因为不忘初心和使命，因为坚守理想和信念。

### 3. 群众路线是我们党永葆青春活力和战斗力的传家宝

党的根基在人民、力量在人民。人民是真正的英雄。中国共产党始终坚持人民主体地位，把人民作为决定党和国家前途命运的根本力量，紧紧依靠人民创造历史伟业。群众路线是我们党的生命线和根本工作路线，是我们党永葆青春活力和战斗力的重要传家宝。我们党的人民立场和群众路线不仅仅停留在中国特色社会主义理论体系层面，更是切实体现在中国特色社会主义国家制度和法律制度的实践制度层面。

### 4. 以人民为中心的发展思想体现在经济社会发展各个环节

以人民为中心的发展思想，不是一个抽象的、玄奥的概念，不能只停留在口头上、止步于思想环节，而要体现在经济社会发展各个环节。为人民谋幸福，基础是推动经济发展。人民的幸福生活不仅体现在经济方面，还体现在政治、文化等各个方面。为人民谋幸福，更是要让广大人民群众都过上幸福生活。中国共产党之所以"能"，关键是中国共产党始终把为人民谋幸福作为自己的初心，而且不忘初心，不断实现人民对美好生活的向往。

## （四）坚持全面从严治党是我们党的根本之策

### 1. 中国共产党面临着历史周期律的考验

1945 年 7 月，知名民主人士黄炎培在造访延安时，与毛泽东同志进行了著名的"窑洞谈话"，谈及"历史周期律"。历史周期律是对历史经验的总结，尤其是对大量中国历史治乱兴衰教训的总结与概括；是对历史规律的认识，世界范围内的各国执政党，无论是无产阶级政党和资产阶级政党，都面临着历史周期律的考验；历史周期律是对历史使命的概括。中国共产党能否走出历史周期律，应对"四大考验"，防范"四大危险"，是摆在共产党人面前的一项长期历史课题。

### 2. 中国共产党敢于直面问题，勇于自我革命

中国共产党的伟大不在于不犯错误，而在于从不讳疾忌医，敢于直面问题，勇于自我革命，具有极强的自我修复能力。在近百年的沧桑风雨中，在革命、建设、改革的伟大奋斗历程中，中国共产党都用实际行动坚守勇于自我革命的品格、践行勇于自我革命的誓言。中国共产党的发展史，从某种意义上说就是勇于自我革命的历史。正是因为坚持自我革命，才能在中国革命的重要转折点，一次次走出困境、浴火重生，不断从胜利走向胜利。

### 3. 始终坚持反腐倡廉，不断加强自身建设

打铁必须自身硬。从以瑞金为中心的苏维埃政权建设到以延安为中心的根据地政权建设，中国共产党一直对腐败保持高度警惕，在探索中不断加强监督。新中国成立以来，反腐一直是我们党极其关注的任务。十八大以来，以习近平同志为核心的党中央以从严管党治党开局起步，以刀刃向内的政治勇气向党内顽疾开刀，体现的就是中国共产党自我革命的坚定决心与坚强意志。

### 4. 加强党内法规制度建设是全面从严治党的长远之策、根本之策

中国共产党很早就重视党的纪律建设。党的一大党纲中确定了中国共产党的纪律原则和党内生活的原则，五大决定成立党的中央监察委员会，六届六中全会上提出须制定一种较详细的党内法规。从延安时期开始，我们党的纪律规矩逐步丰富成熟，党中央制定和实行了一系列纪律规矩。十八大以来，强调思想建党和制度治党紧密结合，强调加强党内法规制度建设是全面从严治党的长远之策、根本之策。进入新时代，必须一刻不放松地解决自身存在的问题，同一切弱化先进性、损害纯洁性的问题作坚决斗争，祛病疗伤、激浊扬清。

# 中国特色社会主义为什么"好"

## ——中国道路的底色、特色与亮色

主讲人：杜莉

扫码看视频

## 主讲人简介

　　**杜莉，** 武汉大学经济学博士、教授、硕士生导师。现任世界经济研究所欧洲研究中心副主任，兼任中国美国经济学会理事、湖北省世界经济学会秘书长，商务部对外贸易专家工作组成员。先后获得首届全国高校青年教师教学竞赛一等奖 (2012 年)，湖北省第二届青年教师教学竞赛一等奖（2010 年）及武汉大学第四届青年教师教学竞赛一等奖（2008 年）。2015 年获评"全国五一巾帼标兵"，2010 年被授予湖北省五一劳动奖章及"湖北青年教学能手"称号，2018 年获武汉大学杰出教学贡献校长奖，曾获得湖北省女职工建功立业标兵、武汉大学第九届杰出青年、珞珈杰出女性等荣誉。

　　在《经济研究》《中国软科学》《世界经济研究》《国际贸易问题》等国内权威、核心期刊发表学术论文多篇，主持国家社科基金 1 项，教育部基金 3 项，省级教改项目 1 项。参与国家级、省级课题多项。2008 年、2011 年、2015 年先后赴法国巴黎三大、美国本特利大学、澳大利亚麦考瑞大学从事访问研究，曾任台湾东吴大学的客座副教授。

## 内 容 简 介

中国特色社会主义道路，这条道路到底好不好，走得对不对，实践是最好的裁判。一个曾经贫穷落后、饱受欺凌的国家，一步步走向世界舞台的中心，创造出令世界瞩目的发展奇迹。中国特色社会主义道路是破解中国和平崛起奇迹的关键密码。

70 年来，我们党坚持马克思主义基本原理与中国具体实际相结合，成功探索出了一条富有实践特色、理论特色、民族特色与时代特色的中国道路。正如习近平总书记所说："我们能够创造出人类历史上前无古人的发展成就，走出了正确道路是根本原因。"

## 内 容 精 要

### （一）中国道路的底色

#### 1. 中国道路的本质是中国特色社会主义道路

中国 70 年来的发展震撼了世界。中国在近几十年里的发展速度在世界历史中是独一无二的。一个曾经贫穷落后、饱受欺凌的国家，是如何从沉沦到奋起、由苦难而辉煌，一步步重返世界舞台的中心，创造出令世界瞩目的发展奇迹？中国道路是破解中国和平崛起奇迹的关键密码。中国道路的本质就是中国特色社会主义道路。

#### 2. 社会主义道路是具有历史必然性的唯一正确道路

我们的道路是如何染就社会主义的底色，又是如何保持它不变色的，这些问题需要我们到历史中去寻找答案。社会主义在中国能够站稳脚跟，被人认识，然后发展成为中国共产党的成立，继而掀起一场波澜壮阔的革命运动，是一个艰难的历程。这条道路是从我们自己的历史和民族土壤中生长出来的，合乎中国国情与民意，具有历史必然性的唯一正确道路。从当年的器不如人、技不如人、制不如人、思想文化不如人，到今天的道路自信、理论自信、制度自信、文化自信，让人心生多少感慨！

### 3. 中国道路是前无古人的探索，要坚持和发展中国特色社会主义道路

治理一个国家，推动一个国家实现现代化，并不只有西方制度模式这一条道，各国完全可以走出自己的道路来。中国道路是前无古人的探索，也就注定了要经历前所未有的艰辛。中国人民不仅为这条道路染上了社会主义的清幽底色、坚定地保持了底色不变，我们还以此做底，通过不断的探索，发展了这条道路。将科学社会主义基本原则与中国具体实际、历史文化传统、时代要求紧密结合，进而形成富有鲜明的实践特色、理论特色、时代特色、民族特色的中国特色社会主义道路。

## （二）中国道路的特色

### 1. 实践特色

中国道路的实践特色在于它是在求真务实的伟大实践中行稳致远的，它是在中国人民"踏平坎坷成大道"的伟大实践中创造出来的。社会主义是干出来的。习近平总书记指出："40 年来取得的成就不是天上掉下来的，更不是别人恩赐施舍的，而是全党全国各族人民用勤劳、智慧、勇气干出来的！我们用几十年时间走完了发达国家几百年走过的工业化历程。在中国人民手中，不可能成为了可能。我们为创造了人间奇迹的中国人民感到无比自豪、无比骄傲！"

### 2. 理论特色

中国道路的理论特色在于它与马克思主义一脉相承，又在不断应答时代课题的过程中赋予马克思主义与时俱进的真理魅力。中国在发展中坚持了马克思主义，在坚持中发展了马克思主义。十九届四中全会用"13 个坚持"系统总结了中国国家制度和国家治理体系 13 个方面的显著优势。中国共产党是代表人民利益的政党，能够把中国的制度优势更好地发挥出来：一是稳定的优势，二是集中力量办大事的优势。自 1953 年以来，中国已经编制和实施了 13 个"五年规划"。在中国，重大决策一旦形成，党的强有力领导能够迅速动员起各方面资源，全力以赴完成。在抗击新冠肺炎疫情的严峻斗争中，全国上下一心、全力应对，为中国"集中力量办大事"的制度优势再添有力的佐证，为"中国之治"写下温暖的注脚。

### 3. 时代特色

中国特色社会主义道路不是一成不变的，而是随着时代变化、主题转移、问题转换而不断呈现新的形态。1981年，十一届六中全会认为中国社会主义初级阶段的主要矛盾是人民日益增长的物质文化需要同落后的社会生产之间的矛盾。十九大做了一个重大理念创新——中国社会的主要矛盾已经发生了变化，变成人民日益增长的美好生活需要和不平衡不充分的发展之间的矛盾。中国特色社会主义就是在直面新情况、解决新问题中与时俱进的，这就是中国道路鲜明的时代特色。在矛盾变化、理论创新的背后，终极目标没有变，那就是"以人民为中心"。十九届四中全会用十三个"坚持和完善"做出的一系列重大部署，"坚持"是初心不改，体现"民之所望，政之所向"的执政理念；"完善"是与时俱进，体现顺应潮流，鼎故革新的时代特征。

### 4. 民族特色

中国特色社会主义道路形成于、扎根于中华民族5000年灿烂文明的沃土，它是中国共产党人创造性转化和创新性发展中华优秀传统文化的必然结果，是中华文明强大历史穿透力和影响力的必然延伸，深刻体现了蕴涵在道路自信中的文化自信的强大力量。中华文化的精神底色已经和中国特色社会主义理论与实践融为一体，不仅使中国能以人类历史上闻所未闻的速度和规模崛起，而且使中国社会保持了比西方社会更多的温馨和更强的凝聚力，对此我们应该有发自内心的足够自信，这种自信是一种更基本、更深沉、更持久的力量，基于它，我们对中国道路充满坚定信心。

## （三）中国道路的亮色

习近平总书记说："中国特色社会主义是不是好，要看事实，要看中国人民的判断，而不是看那些戴着有色眼镜的人的主观臆断。"

### 1. 纵向比较

判断一条道路的好坏有两个最基本的标准，即这是不是一条通往国家富强之路，这是不是一条通往人民幸福之路。2010年，中国制造业增加值首次超过美国跃居世界首位，至今连续稳居世界第一。2018年，中国制造业增加值占世界的份额达到28%以上，接近美、日、德三国的总和。中国已拥有 41 个工业大类、207 个工业中类、666 个工业小类，成为全世界唯一拥有联合国产业分类中全部工业门类的国家。现代制造业的发展需要大量优秀的工程师，背后就是中国教育事业的大发展。教育是立国之本、强国之基，教育培养人才，人才发展科技，科技影响经济，这是有着内在逻辑联系的连锁反应。当教育发展起来之后，科技实力的增强就是必然结果。中国包括经济、国防、教育、科技等在内的综合国力已全面提升，越来越富强。一个个鲜活的数据和事例映照出人民生活翻天覆地的变化，为"人民至上"的价值理念写下生动而温暖的注脚。

### 2. 横向比较

与其他发展中国家比，发展中国家共同面临的最大问题是消除贫困。中国大力实施精准扶贫、精准脱贫，农村贫困人口从 2012 年的 9899 万人减少到 2018 年的 1660 万人，累计减少贫困人口 8239 万人，相当于一个中等国家的人口总量。今天，一些非洲国家积极倡导"向东看"政策，尤其重视学习中国的发展模式，期望通过借鉴中国经验实现自身发展。与转型国家相比，1991 年苏联解体时，当时俄罗斯的经济规模比中国还大。2018 年，俄罗斯的 GDP 为 1.66 万亿美元，中国的 GDP 为 13.6 万亿美元，是俄罗斯的 8 倍有余。中国是实行"一国两制"的国家，1997 年香港回归时香港的 GDP 是深圳的 11 倍；2018 年，深圳 GDP 首次超越香港，成为粤港澳大湾区排名第一的城市。

我们说中国特色社会主义好，并不是说它是完美的。现阶段肯定会有发展不充分、不完善的地方，所以我们才需要不断地改革、不断地完善。我们要用发展的目光来看待发展过程中的不完美，要看这些问题是不是发展过程中出现的问题；要看这些问题有没有解；要看这些问题有没有在被解。如果这些问题有解，且正在求解，那么中国"集中力量办大事"的制度优势可以让我们足够相信，这些发展中的问题一定能够比其他国家更快地在发展中得到解决。

## （四）结 语

我们正行走在实现"两个一百年，一个中国梦"的大道上。"大道行思，取则行远"

中国道路为什么"行"？为什么好？今天，我们一起"问道"、"悟道"、"明道"，来日方可"从心所欲不逾矩"地"行道"。中国道路打破了世界对西方发展模式的盲目崇拜和路径依赖，告诉人们，现代化道路不可能定于一尊。只要坚守追求国家富强和人民幸福的"正道"不变，具体走什么样的发展道路，每个国家、每个民族都可以有自己的选择。

# 改革开放 40 年：
## 改变中国 影响世界

主讲人：肖光恩

扫码看视频

## 主讲人简介

**肖光恩，**武汉大学经济与管理学院副教授、硕士生导师，中共中央宣传部武汉大学经济舆情研究基地主任，《武汉大学学报（哲学社会科学版）》副主编，中国世界经济学会和中国美国经济学会理事。

主要研究方向为世界经济、国际政治经济学、美国经济、空间经济学方法、经济舆情与经济政策评估分析。

曾主持 1 项国家社科基金、1 项教育部社科基金项目和 10 余项省部级项目，在《光明日报》《经济日报》《求是》《世界经济研究》等期刊发表论文 60 多篇，荣获教育部高等学校人文社科优秀成果奖、湖北省社科优秀成果奖、武汉大学社科优秀成果奖、中国发展研究奖、中共湖北省委决策委员会优秀成果奖等 10 多项，2017 年获中共中央宣传部舆情信息分析工作"优秀个人"称号，撰写的 60 多篇经济研究报告或经济舆情分析报告被中宣部、教育部和湖北省委宣传部采用，其中 10 多篇咨询报告获中央领导人批示。

## 内 容 简 介

2018 年是中国改革开放 40 周年，改革开放 40 年来，在中国共产党的坚强领导下，中国人民艰苦奋斗、顽强拼搏，用双手书写了国家和民族发展的壮丽史诗，在中华大地上进行了感天动地的伟大变革。古人云："继往圣，开来学，有功于斯世也。"本课程在总结改革开放 40 年以来中国取得的伟大成就和成功经验的基础上，让广大青年学生认识到改革开放不仅改变了中国，更影响了世界，强调只有改革开放才能让中国走持续发展的道路，中国必须将改革开放进行到底。

## 内 容 精 要

改革开放 40 年以来中国取得的伟大成就和成功的经验，用一句话来总结，就是："改革开放，不仅改变了中国，更影响了世界。"改革不停步，开放永相随！中国永远走在改革开放的金色大道上。

### （一）为什么说"只有改革开放，才能发展中国？"

改革开放是中国的第二次革命，它不仅解放和发展了中国生产力，而且适应了新科技革命和时代发展的必然要求，更是中国社会主义制度的自我完善和发展，是中国人民实现中华民族伟大复兴的必由之路。

**1. 改革开放是中国共产党领导的第二次革命**

改革开放是在社会主义基本制度的基础之上，对原有体制和机制进行根本性变革，打开国门搞建设，"摸着石头过河"，通过改革开放来解放和发展生产力，把一个在经济、社会、文化等方面都比较落后的国家，变成了一个富强、民主、文明、和谐、美丽的社会主义现代化国家。

**2. 改革开放解放和发展了中国生产力**

生产力是推动人类社会进步的最终的、决定性力量。改革开放开始了从"以阶级斗争为纲"到"以经济建设为中心",从僵化保守到全面改革,从封闭、半封闭到对外开放的重大、历史性转变,使中国生产力得到快速发展。中国已经发展成为世界第一大工业国,第一大货物贸易国,第一大外汇储备国,世界第二大经济体,并稳妥地解决了十几亿人口的温饱问题,总体上实现了小康。

**3. 改革开放适应了科技革命和时代发展的要求**

以科学和经济为主要内容的综合国力,是世界大国较量的重要内容。1978 年,中国召开了全国科学大会,重申"科学技术是第一生产力",提出要实现"四个现代化",关键是科学技术现代化。经过改革开放以来的不懈努力,中国科技创新整体能力持续跃升,科技实力和创新能力显著增强,科技生产力获得了大解放,实现了大发展,促进了大创新。

**4. 改革开放是中国社会主义制度的自我完善和发展**

改革开放是一场深刻革命,必须坚持正确方向,沿着正确的道路前进。改革开放是社会主义制度的自我完善和发展,而不是对社会主义制度的改弦更张。在涉及道路、理论、制度、文化等根本问题上,我们应该立场坚定,旗帜鲜明,不能犯颠覆性的错误。

**5. 改革开放是实现中华民族伟大复兴的必由之路**

实现中华民族伟大复兴,是近代以来我们中华民族最伟大的梦想。要实现中华民族伟大复兴,实现民族独立、人民解放、国家统一、社会稳定,建立符合我国国情的先进社会制度,就必须勇于改革开放,不忘初心,继续前进,让党和人民事业始终充满奋勇前进的强大动力。我们要敢于改革开放,要直面突出的问题和主要矛盾,抓重点,补短,强弱项,推动实现更高质量、更有效率、更加公平、更可持续的发展,实现中华民族的伟大复兴。

## （二）改革开放 40 年以来，中国取得了哪些历史性成就？

中国 40 年的改革开放,改变了中国,影响了世界,使中国再次走近世界舞台的中央。

### 1. 中国实现了向开放型全球经济大国的伟大转变

改革开放创造了中国经济发展的奇迹,1978 年以来经济年均增长高达 9.5%。经

# 乡村振兴的时代意义与规划蓝图

主讲人：范锡文

扫码看视频

## 主讲人简介

　　**范锡文**，中共党员、博士、教授、硕士生导师。四川师范大学马克思主义学院副院长、四川师范大学课程思政研究中心副主任、四川师范大学"教学名师"、四川省高校形势与政策研究会秘书长、中宣部时事报告杂志社（四川版）特约编委。曾获四川省高校政治思想理论课"精彩一课"比赛一等奖、全国高校思想政治理论课教学骨干称号。近年来主要在《马克思主义研究》《当代经济研究》等期刊发表论文 20 余篇，参编著作 6 部，个人专著 1 部。主持并完成省级科研项目多项。主讲慕课《乡村振兴的时代意义与战略规划蓝图》《增强忧患意识 防范化解重大风险》上线"学习强国"，《共同抗疫 中国温度别样暖》上线新华网直播间。

## 内 容 简 介

中国自古以来就是一个具有深厚农耕文明的基础农业大国，古人有云："食者生民之原，天下治乱，国家废兴存亡之本也。"而今天农业强则国强，农业弱则受制于人，农业地位的重要性不言而喻。党的十九大报告指出："农业农村农民问题是关系国计民生的根本性问题，必须把解决好'三农'问题作为全党工作重中之重"，同时首次提出乡村振兴战略。

本课程深刻剖析了乡村振兴对实现中华民族伟大复兴的重要意义，同时通过分析当前我国所处的时代背景，指明城乡关系从附属走向平等是乡村振兴战略的总出发点，最后从产业、人才、文化、生态、组织五个方面的振兴勾画了实现乡村振兴的美好图景，并详细讲解了五大振兴合力助力乡村振兴的具体举措。

## 内 容 精 要

从 1982 年中央一号文件承认包产到户合法性开始至今，党中央共发布 21 个中央一号文件，都聚焦"三农"问题，彰显出"三农"问题在中国现代化进程当中"重中之重"的地位，表达出党中央解决"三农"问题的坚强决心。十九大报告首次提出乡村振兴战略，并写入党章，将"三农"问题上升至前所未有的政治高度。2018 年和 2019 年的中央一号文件明确说明实施乡村振兴战略的具体部署。乡村振兴既是国计民生的根本，也是实现"两个一百年"奋斗目标的必然要求。

### （一）为什么——乡村振兴战略是实现中华民族伟大复兴的应然之义

我国是农业大国，重本固农是安民之基，治国之要。农业强不强，农村美不美，农民富不富，决定着建设全面小康社会的成色和社会主义现代化的质量。

#### 1. 重要性："三农"问题是事关现代化成败的关键因素

40 年的改革开放，我国经济社会发展取得了举世瞩目的成就，2017 年我国的人均 GDP 达到 8800 美元，已经进入了中等偏上收入国家行列。当前正处于从中等偏上收入国家向高收入国家迈进，从后工业化时期向工业化社会转变的关键时期，同时这是处理工农关系、城乡关系的历史关口。40 年的高速发展中积累的结构性问题开始显现，如果不能顺利实现发展战略和发展方式的转变，新的增长动力特别是内生动力不足，可能会导致经济长期停滞不前；而快速发展中积聚的问题则会集中爆发，贫富分化加剧，产业升级艰难，城市化进程受阻。如果这些问题集中出现，就很有可能落入"中等收入陷阱"。

当前我国的人均 GDP 达到 8800 美元，2021 年在"第一个百年"完成之时，我们将实现人均 GDP 过万，考虑到我国的地区和城乡之间的差别，大约在 2025 年，我国人均 GDP 超过 13000 美元，届时我们将跨入高收入国家行列。要顺利跨过中等收入陷阱，最大的一个问题就是解决好"三农"问题，乡村振兴战略是基于我国的基本国情和现阶段经济社会发展的基本特征提出的，因此它是决胜全面建成小康社会、全面建设社会主义现代化国家的重大历史任务。

**2. 可能性：新时代我国农业农村现代化踏上新征程**

建国之初我国实施的"二元经济结构"奠定了新中国的工业基础，有效维护了国家安全。改革开放以来，农村不仅提供了现代化、城镇化、工业化发展的丰富的人力资源，也取得了农业农村的长足发展。近些年来，我国农业农村发展的整体形势不错，2004 年以来农业连续实现丰收，粮食综合生产能力实现了质的飞跃，城乡一体化取得了较好的发展，农村公共服务和社会事业达到了新的发展水平，6600 多万贫困人口稳定脱贫，正是基于基本国情和农情的新变化，党的十九大提出乡村振兴战略，发展的重心向乡村倾斜，顺应了城乡关系阶段性的变化。

从城乡发展的轨迹来看，改革初期的红利迅速释放，经济社会快速发展，发展到一定阶段后城乡之间深层次的矛盾和问题凸显，如果没有找到新的突破口，改革往往会出现停滞甚至倒退，这也是诸多发展中国家没能跨越中等收入陷阱的根本原因，城乡、工农协调发展的关系没有理顺，改革开放 40 年积累的物质基础和经验，让我们有信心也有能力跨过中等收入阶段。乡村振兴战略就是在新的历史节点实现农村经济结构转型升级的突破口。

**3. 必然性：是实现"两个一百年"奋斗目标的必然要求**

"三农问题"是关系国计民生的根本性问题，实现中华民族伟大复兴，绝不是凋零的乡村和光鲜的城市形成鲜明的对比，城和乡是一个命运共同体，衰败的乡村绝烘托不出繁荣的城市来，当前相对于快速发展的工业化、信息化、城镇化，我国农业现代化还是短板，如果说工业已经进入 4.0 时代，那么农业还处在 2.0 和 3.0 阶段。

农业现代化滞后表现在农业劳动生产率远远低于第二、三产业的劳动生产率，农民的收入同城市的收入，从事第一产业劳动力的收入和从事二、三产业劳动力的收入形成了巨大的差距，城乡发展不平衡的矛盾比较突出。习近平总书记一针见血指出："农业农村工作，说一千、道一万，增加农民收入是关键"。世界上进入高收入国家行列的往往有三个特点：城市化率达到 70% 左右；农业劳动生产率接近或是超过第二、三产业劳动生产率；农民收入接近或是超过城镇居民收入。

因此，从国家整体战略上来看，2020 年全面建成小康社会所对应的是乡村振兴的制度框架和政策体系基本形成，到 2035 年基本实现现代化所对应的是农业农村现代化基本实现，在全面建成社会主义现代化强国阶段所对应的是农业强、农村美、农民富全面实现，农业现代化是整体现代化的重要组成部分，是实现"两个一百年"奋斗目标的必然要求。

## （二）是什么——城乡关系从附属走向平等是乡村振兴战略的总出发点

党的十七大、十八大分别提出了城乡统筹发展和城乡一体化的发展理念，从发展驱动力来看，政策落脚于城市，把农村放在了从属地位。而乡村振兴，则是平等看待城乡，在立足于乡村产业、人口、文化等禀赋的基础上，自下而上地激发其积极性、主动性。从依赖外生增长到建立可持续的乡村内生增长模式，这是一种执政思路上的巨大转变。城乡关系再定义，从附属到平等，是理解乡村振兴战略的出发点。

**1. 乡村振兴的总要求：二十字方针**

乡村振兴是对于"新农村建设"的一次全面升华。十九大报告用 20 个字总结"乡村振兴"总要求，即"产业兴旺、生态宜居、乡风文明、治理有效、生活富裕"，分别对应了党十六届五中全会提出的"新农村建设"总要求："生产发展、村容整洁、乡风文明、管理民主、生活宽裕"，是后者的全面升级版。2017中央农村经济工作会议更是指明："实施乡村振兴战略，是解决人民日益增长的美好生活需要和不平衡不充分的发展之间矛盾的必然要求"，足见其定位之高。

从生产发展到产业兴旺，拓宽了对传统农业的认识，农业不仅可以提供物质产品，还可以提供非物质产品；从村容整洁到生态宜居，内涵更丰富，农村要实现宜居、宜业、生产、生活、生态统一；乡风文明，农村的每一个角落都是祥和的，是记得住乡愁的；从管理民主到治理有效，拓宽了治理机制；从生活宽裕到生活富裕，更关注农民对美好生活的追求。乡村振兴与以人为核心的新型城镇化是推进现代化、解决"三农"问题的重要途径，二者相互促进、相辅相成。

实施乡村振兴战略，是为了保证有中国特色的城镇化过程与必然走向高度城镇化结果之间的一致性。从发展的一般趋势来看，当城镇化率超过50%时，传统的农村乡土文化、田园风光、农业景观会成为稀缺资源，城市中一部分中等收入群体开始怀念乡愁，农村将成为一部分人口返乡旅游、居住和创业的热土，城乡之间生产要素实现双向流动就能更好地造就中国模板的农业现代化和增强国民经济的韧性。当前我国的城镇化率已经达到58%，提出乡村振兴战略恰逢其时。

### 2. 乡村振兴的主要原则：六条原则

乡村振兴的六条原则是：坚持党管农村工作是政治保障；坚持农业农村优先发展是出发点；坚持农民主体地位是根本；坚持乡村全面振兴是目标；坚持城乡融合发展是方向；坚持从农村实际出发是基础。

实施乡村振兴战略，要坚持农村基本经营制度和确保粮食安全，这是关系农民生计安全问题，农业农村发展必须放在首位。习近平总书记也曾说过两句话："中国人的饭碗要牢牢端在自己的手中，饭碗里面主要应当装中国粮，不是进口粮。进口粮也可以装一点，但是主要应当装中国粮。如果过多进口粮食，就会威胁到中国农业这个产业的安全，威胁到中国农民的生计安全。"

一个国家的发展，城市和乡村要协调发展。城市集聚人口、集聚财富、集聚技术，带动整个地区乃至整个国家发展；农村是生态屏障，为居民提供农产品，传承国家源远流长的历史文化。

乡村振兴一定要走符合农村实际的路子，遵循乡村发展规律，充分体现农村特点，注意乡土味道，保留乡村风貌，留得住青山绿水，记得住乡愁不仅要求村庄美丽、庭院清洁，更重要的是在城乡布局更加合理。

### （三）怎么办——"五大振兴"助力乡村振兴

每当黎明，闻鸡鸣犬吠，每当黄昏，炊烟袅袅，每当佳节，街头巷尾，人们熙来攘往。这是乡村振兴的图景，农民富、产业兴、农村有人气。"五大振兴"共同作用，即产业振兴、人才振兴、文化振兴、生态振兴、组织振兴助力乡村振兴。

#### 1. 产业振兴：夯实物质基础

一个没有产业的乡村，总是伴随着落后和凋敝。产业振兴既要用好政府这只"看得见的手"，进行宏观把控，更要注意用好市场这只"看不见的手"，掌握市场规律，优化资源配置，实现一、二、三产业融合发展。有了产业，乡村就有了活力，在城市里打拼困难的人群，可以回到农村，从事力所能及的工作，既留住了乡愁，也保住了尊严。

#### 2. 人才振兴：确保后继有人

乡村振兴，关键在人，当"386199部队"成为主流，乡村的活力无从谈起。人才振兴并不意味着让各类人群都回到乡村，关键是把乡村振兴的中坚力量识别出来。新型职业农民、农业社会化服务组织、真正的"新乡贤"是未来乡村振兴的中坚力量。乡村振兴需要有技术、懂生产、懂市场、会经营、爱农村、爱农业的新型职业人，让他们成为带动农村发展和农民增收致富的"领头羊"、"领路人"。

#### 3. 文化振兴：焕发文明新风

文化是软实力，可以改善农民的精神风貌，有效延续中华文明，重构乡村社会秩序，提升现代化治理水平。文化振兴提升的是农村的"气质"。进一步净化村风民风，提升乡村文明程度，为乡村振兴战略的实施打下坚实基础。法德同治，道德浸润群众心灵，促进农村整体风貌的变化。

### 4. 生态振兴：建设美丽家园

"绿水青山就是金山银山"。乡村的山色田园，环境优美、诗情画意，是无数人向往的"诗与远方"，良好的生态环境是乡村发展得天独厚的优势。乡村振兴不仅要满足人民日益增长的物质文化需求，更要不断满足人民群众日益增长的生态环境需求。通过产业和生态振兴，刷新的是农村的"颜值"。

### 5. 组织振兴：保障安定有序

基层党组织要提升组织力，成为治理乡村社会的行家里手，在扫黑、除恶、治乱等关键时刻，能够为民"站得出来、豁得出去"，只有基层党组织在乡村治理和文化引领上凝聚了民心，赢得了民众支持，基层党组织才更有组织力量。

实施乡村振兴战略是一篇大文章，要统筹谋划，科学推进。振兴乡村绝非朝夕之功，实施乡村振兴战略既要注重国际经验的学习和吸收，但必须要根据国情走自己独特的发展道路，正如习近平总书记指出的，我国实施乡村振兴战略也是为解决全球乡村问题贡献中国智慧和中国方案。

# 厚植生态文明
## 耕耘美丽中国

主讲人：左亚文

## 主 讲 人 简 介

　　**左亚文**，武汉大学马克思主义学院教授、博士生导师、二级教授。从事马克思主义发展史和哲学原理的研究，兼涉中华传统和合文化。兼任湖北省炎黄儒学研究会常务副会长、中国马克思主义哲学史学会理事、中国人学学会理事、湖北省哲学学会常务理事；出版专著6部，参著30余部，发表学术论文100余篇，其中10余篇在《新华文摘》《中国社会科学文摘》全文转载；主持国家社会科学基金3项，其中1项为重点项目。多项成果获国家以及省部级科研成果奖，其中"和谐思维论"（系列论文）获"第七届湖北省社会科学优秀成果奖"一等奖。

## 内 容 简 介

　　生态危机是当今中国面临的一个严峻的社会问题，也是一个世界性的难题，生态文明概念的提出经历了一个漫长的历史过程，尽管如此，这一概念的提出对人类文明生产体系意义重大。

　　本课程讲解了生态文明概念产生并从"两个文明"到"五个文明"的发展过程，透视分析了我国生态文明的现状，详细阐释并论证了习近平新时代中国特色社会主义新的发展理念中关于生态建设发展的多项观点，包含"生命共同体""绿水青山就是金山银山""美丽中国"等，充分印证了习近平新的发展理论的系统性及科学性。

## 内 容 精 要

### （一）"生态文明"的提出：从"两个文明"到"五个文明"

#### 1. "生态文明"和"可持续发展"的概念

　　1866 年，德国科学家海克尔首次提出"生态"的概念。1935 年，英国学者坦斯勒提出"生态系统"的概念。1962 年，美国生物学家 R·卡逊披露了化学杀虫剂对人类环境造成的严重危害。1972 年，麻省理工学院丹尼斯·米都斯等教授提交了第一个具有世界影响的研究报告——《增长的极限》。1972 年 6 月，"联合国人类环境会议"通过了《斯德哥尔摩人类环境宣言》。在此次大会上，可持续发展的概念被正式提出并得到了讨论。翌年，联合国成立了"环境规划署"。1983 年联合国大会批准成立了世界环境与发展委员会。1987 年，挪威首相布伦兰特夫人发表了《我们共同的未来》的报告，对可持续发展概念作出了系统阐述，可持续发展被定义为："能满足当代人的需要，又不对后代人满足其需要的能力构成危害的发展。"

#### 2. 我国政府在环境保护问题上的回应和举措

　　我国 1973 年召开了全国第一次环境保护工作会议。此后，我国从中央到地方均成立了环境保护机构。1979 年，五届人大常委会第十一次会议通过了《中华人民共和国环境保护法（试行）》。1992 年里约热内卢的联合国环境与发展会议之后，我国制定了《中国 21 世纪议程——中国 21 世纪人口、环境与发展白皮书》。1997 年党的十五大把可持续发展确定为我国"现代化建设中必须实施"的基本战略。2002 年我国制定了《新世纪中国环境保护战略》，制定了国家环境安全的总体战略和对策，提出了建立保障环境安全的七大体系。

### 3. 我国生态文明的提出

我国最早提出"生态文明"的是生态农业科学家叶谦吉教授。2003 年《中共中央国务院关于加快林业发展的决定》，首次将"生态文明"概念写入正式文件。十七大报告将"生态文明"列入社会主义文明建设的总体体系之中。十八大报告指出："建设生态文明，是关系人民福祉、关乎民族未来的长远大计……把生态文明建设放在突出地位，融入经济建设、政治建设、社会建设各方面和全过程，努力建设美丽中国，实现中华民族永续发展。"十九大报告第九部分"加快生态文明体制改革，建设美丽中国"中，进一步提出了"生态文明体制改革"的思想，并作出了总体改革部署；同时，提出了物质文明、政治文明、精神文明、生态文明、社会文明等"五个文明"的概念。

### 4. 从"两个文明"到"五个文明"

我国从改革开放之初的"两个文明"到十九大的"五个文明"，经历了一个由浅入深、由简至繁的认识过程。1979 年叶剑英在庆祝中华人民共和国成立三十周年大会上的讲话中首次提出"物质文明"、"精神文明"的概念。江泽民同志 2001 年 5 月首次明确提出了"政治文明"的概念。十六大报告把发展社会主义民主政治，建设社会主义政治文明作为全面建设小康社会的重要目标提出来。十六大以后，按照科学发展观的根本要求，提出了"统筹人与自然和谐发展"方针，把建设资源节约型和环境友好型社会确立为国民经济和社会发展的战略任务。十七大报告进一步提出了"生态文明"的概念。在"四个文明"的基础上，十九大又提出了"社会文明"。报告指出，至本世纪中叶，要把我国建成富强民主文明和谐美丽的社会主义现代化强国。"到那时，我国物质文明、政治文明、精神文明、社会文明、生态文明将全面提升"。至此，"五个文明"与"五位一体"、现代化的"五大价值目标"相互对应，构成一个完整的社会主义文明建设的体系。

## （二）关键期、攻坚期和窗口期：透视我国生态现状的关键词

### 1. 我国生态文明建设正处于压力叠加、负重前行的关键期

改革开放以来，我国政府在环境保护和生态文明建设上做了很多工作，取得了显著成效。党的十八大以来，生态文明建设进入到了一个新阶段，在总体上，生态环境质量持续好转、稳中向好。但生态问题仍然是很严峻的，我国的资源短缺问题相当严峻，环境污染问题严重，能耗问题突出。除了上述问题外，还表现在生态文明建设目标任务上我国政府自我加压、自我增重，提出了环境治理和生态建设的时间表和近期、中期目标。第一步是确保到 2035 年，生态环境质量实现根本好转，美丽中国目标基本实现；第二步是到本世纪中叶，生态文明与物质文明、政治文明、精神文明、社会文明一起全面得到提升，全面形成绿色发展方式和生活方式，建成美丽中国。要按期圆满完成这些目标，生态文明建设所承担的压力之巨大和任务之繁重是世所罕见的。

### 2. 我国生态文明建设进入提供更多优质生态产品、满足优美生态环境需要的攻坚期

党的十九大对我国社会的主要矛盾作出了新论断，这就是人民群众日益增长的美好生活的需要和不平衡不充分的发展之间的矛盾。在人民群众对美好生活的需要中，生态环境的需要日益重要。随着社会的发展和人民生活水平的不断提高，人民群众对于干净的水、清新的空气、安全的食品、优美的环境等要求越来越高，生态环境在群众生活幸福指数中的地位不断凸显，环境问题日益成为重要的民生问题。十八大以来，我们坚决向污染宣战，已实施大气、水、土壤污染防治"三大行动计划"，并打响了"蓝天保卫战"。总之，要来一场全方位的防治污染的攻坚战，使我国生态环境得到有效改善，还自然以宁静、和谐、美丽。

### 3. 我国生态文明建设到了有条件有能力解决生态环境突出问题的窗口期

经过 40 年的改革开放和现代化建设，我国已经具备了一定的经济基础，同时也培养了一批环保专业人才队伍，我们有能力、有底气实现生态治理的持续推进。这几年来，

我国的生态环境状况得到明显改善。"蓝天保卫战"成效显著，生态保护和修复工程进展顺利，去产能调结构稳步推进，生态文明的"四梁八柱"制度逐步筑牢，碳排放强度持续下降。我们相信，从我做起，从日常生活起步，坚持不懈，久久为功，就一定能够开创生态文明建设的新局面。

## （三）生命共同体：人与自然的和谐共生

生态文明的核心理念就是人与自然的和谐共生，生态文明建设的本质关系就是如何认识和处理人与自然的关系。在人类历史相当长的时期内，人们所坚守的是"人类中心主义"的观念。

所谓"人类中心主义"，简单地说，是以人自身的利益为价值标准去评判一切事物合理与否的一种思想观念。根据"人类中心主义"的这种思想观念，只有对人的生存和发展有用的东西才是有价值的，否则就是没有价值的；价值的属性是人所特有的，一切非人的自然物则无自身的内在价值。

从 20 世纪 50 年代开始，一些有识之士开始对"人类中心主义"的观念进行批判性的反思。海德格尔指出："人不是存在者的主宰，人是存在者的看护者。"他呼吁人们要维护和保护地球，保护人类的基本生存条件。1962 年，美国生物学家 R·卡逊在《寂静的春天》一书中对"人类控制自然"的思想也作了批判。1987 年，美国哲学家胡克在《进化的自然主义实在论》一文中有"反人类中心论"一节，专门对"人类中心论"进行了批判。

1886 年，恩格斯在《自然辩证法》一书中写道，"美索不达米亚，希腊，小亚西亚以及其他各地的居民，为了得到耕地，毁灭了森林，但是他们做梦也想不到，这些地方今天竟因此而成为不毛之地。""我们不要过分陶醉于我们人类对自然界的胜利。对于每一次这样的胜利，自然界都对我们进行报复。"习近平总书记也指出："人与自然是生命共同体，人类必须尊重自然、顺应自然、保护自然。人类只有遵循自然规律才能有效防止在开发利用自然上走弯路，人类对大自然的伤害最终会伤及人类自身，这是无法抗拒的规律。"

我们提出对传统"人类中心主义"的反思和批判，并非彻底否定它的历史合理性。地球本身是一个宏大的有机系统，在这个系统里，人与万物相互联系、相互依存，它们作为地球系统的子系统或要素，有其自身相对的内在价值和内在利益；但是，每一个物种都必须服从地球系统的整体利益和整体价值，地球的整体利益和整体价值高于其内部每一个子系统或要素自身的利益和价值。

### （四）新发展理念："绿水青山就是金山银山"

2013年9月7日，习近平总书记在哈萨克斯坦纳扎尔巴耶夫大学回答学生问题时指出："我们既要绿水青山，也要金山银山。宁要绿水青山，不要金山银山，而且绿水青山就是金山银山。"这之后，习总书记又多次讲到这个问题。2018年5月，在全国生态环境保护大会上的讲话中，他又重申："绿水青山就是金山银山，贯彻创新、协调、绿色、开放、共享的发展理念，加快形成节约资源和保护环境的空间格局、产业结构、生产方式、生活方式，给自然生态留下休养生息的时间和空间。"

所谓"金山银山"和"绿水青山"的关系，就是指经济建设和生态保护之间的关系。这段名言从逻辑上可以区分三个层次：第一个层次，是指要兼顾经济建设和生态保护二者之间的关系。"既要绿水青山，也要金山银山"，就是指要"两手抓"，一手抓经济建设，一手抓生态保护，"两手抓，两手都要硬。"第二个层次，这就是当二者出现矛盾的时候，要求我们始终把生态保护放在首位。第三个层次，从思想上真正认识到良好的生态环境是最普惠的民生福祉和最优质的生产力。"保护生态环境就是保护生产力，改善生态环境就是发展生产力。""金山银山和绿水青山"的论述，既生动形象、通俗易懂，又深刻透彻、入木三分，深入地阐明了经济发展和生态建设二者的辩证关系，是我们搞好生态文明建设的思想指南。

### （五）打造美丽中国：生态文明新体系的构建

#### 1. 树立生态意识

必须确立科学的生态认知意识。人不仅要关心自己的同类，而且要关心所有的生命乃至所有的自然物质；不仅应在人类社会中废除人对人的奴隶制，而且也应在自然界中废除人对物的奴隶制；善的道德不仅意味着要以人道主义的态度对待人，同时也意味着要以同样的态度对待所有的生命乃至所有的物种。树立现代科学的生态价值意识和生态审美意识，承认自然界的动物、生物乃至无机物质均有其内在的价值为基本的价值原则，以回归自然为导向，把以是否符合自然生态的发展作为评判美丑的标准。

### 2. 发展生态产业

生态产业是生态文明建设的物质基础。生态产业是包括生态工业、生态农业、生态旅游业和生态环保业等生态产业在内的一个生态产业系统。充分利用不同企业、产业、项目或工业流程等之间资源、主副产品或废弃物的横向耦合、纵向闭合、上下衔接、协同共生的相互关系，运用现代化的工业技术、信息技术和经济措施优化配置组合，实现可持续发展的产业。运用现代科技成果和现代管理手段发展农业，形成生态和经济的良性循环，实现农业的可持续发展。除此之外，还要大力发展生态旅游和生态环保产业。

### 3. 践行生态生活

生态生活，是指与自然生态环境相协调且有益于人类身心健康的一种生活方式。生态生活是在批判和反思传统消费方式的基础上提出的一种新的消费方式和生活方式。这种生活方式提倡人们过一种简约、简单和简朴的生活方式，基本原则就是有利于保护生态环境，有利于减少资源的消耗，有利于降低对自然的污染，使其生活方式合乎自然生态的规律。每个社会成员必须行动起来，从我做起，从日常生活做起，摒弃过度消费，崇尚低碳生活、绿色生活，如此，生态文明建设才能真正落实到实处，收到实效。

### 4. 生态制度构建

习近平总书记在 2018 年全国生态环境保护大会的重要讲话中，提出要加快构建生态文明新体系。第一，必须发挥市场的杠杆作用，建立经济社会发展与生态环境改善相互促进的良性循环机制。第二，必须完善规划，加强监管，建立并落实节约资源、保护环境的目标责任制和行政问责制。第三，必须加强立法，严格执法，推动节约资源和保护环境走上法治化轨道。正如习近平总书记所说的，我们要用"最严格制度、最严密法治"为生态文明建设保驾护航，让制度成为刚性的约束和不可触碰的高压线。

# 中国特色大国外交的
## 作为与担当

主讲人：阮建平

## 主讲人简介

**阮建平**，经济学博士，武汉大学政治与公共管埋学院国际关系学系教授、副院长，武汉大学"领土主权与海洋权益协同创新中心"研究员，武汉大学中国国际战略研究中心主任，教育部政治学类教学指导委员会委员，全国国际政治研究会常务理事。曾赴美国、韩国和哈萨克斯坦等国访问，并随中国南极科学考察队赴南极调研。从事美国对外战略、国际政治经济学、地缘经济与政治、中国外交和极地海洋研究。

迄今为止，发表国际关系专业论文40余篇，出版学术专著2部、参著2部、教材2部。主持国家社会科学基金2项、教育部社会科学基金1项，参与国家社科基金重大项目3项，参与教育部社会科学重大项目4项。此外，在境内外报刊杂志上发表国际时事评论40余篇。曾担任中央电视台"财经频道"和湖北卫视"长江新闻号"特约评论员。

## 内 容 简 介

党的十八大以来，习近平总书记深刻把握新时代中国和世界的发展大势，提出了一系列富有中国特色，体现时代精神，引领人类发展进步潮流的新理念、新主张、新倡议，形成了习近平新时代中国特色社会主义外交思想，开创并推动了中国特色大国外交。

本课程详细阐释了习近平新时代中国特色社会主义外交思想，讲解了新中国成立70年来，中国坚持独立自主的和平外交政策，坚决维护国家主权、安全和发展利益，为维护世界和平、促进发展与进步作出的重要贡献。介绍了中国将继续坚持和平发展道路，推动合作共赢的新型国际关系，推进"一带一路"高质量发展，积极参与全球治理体系改革，为中国实现民族复兴营造良好的国际环境，为构建人类命运共同体贡献中国智慧、中国方案和中国力量。

## 内 容 精 要

新中国成立70年以来，中国一直坚持独立自主的和平外交政策，坚决维护国家主权、安全和发展利益，并根据时代主题的变化，不断创新外交理念，积极回应不同时代的世界需要，为维护世界和平、发展与进步不断做出重要贡献。十八大以来，以习近平同志为核心的党中央深刻把握新时代中国和世界的发展大势，在对外工作上进行了一系列重大理论和实践创新，开创并推动了中国特色大国外交，在世界风云际会中彰显了中国的作为和担当。

### （一）中国外交历史性成就

70年来，中国外交不断拓展和深化，走过了不平凡的70年，形成了全方位、多层次、立体化的外交格局，取得了历史性成就，使中国外部环境处于历史最好时期。这些成就主要体现在：积极作为，坚定维护国家利益；对外交往遍及全球，伙伴关系不断扩大与深化；勇担国际责任，国际影响和地位不断提升。近年来，中国积极开展各种多边外交，大力推动构建更加公平合理的国际政治经济新秩序。中国提出推动构建人类命运共同体、共建"一带一路"的倡议，载入联合国多项决议，得到国际社会广泛认同和积极响应。

## （二）中国外交的优良传统和鲜明特色

70 年来，中国与时俱进，不断丰富发展具有中国特色的外交理论体系，形成了一系列优良传统和鲜明特色。

### 1. 独立自主是中国外交的基石

面对当前国际形势的严峻挑战，习近平总书记在庆祝改革开放 40 周年大会上强调指出："40 年来，我们始终坚持独立自主的和平外交政策"。针对一些国家在周边问题上的挑衅，习近平主席再次重申了维护国家领土完整和独立自主的坚定立场。中国"对于一切国际事务，都从中国人民和世界人民的根本利益出发，本着实事求是的精神，根据事情本身的是非曲直，自主地决定自己的立场和政策"。

### 2. 天下为公是中国外交的胸怀

70 年来，中国没有主动挑起过任何一场战争和冲突，没有侵占过别国一寸土地。中国坚定维护以联合国为核心的国际体系和以国际法为基础的国际秩序，坚定反对霸权主义和强权政治，始终坚持大小国家一律平等，相互尊重主权、独立和领土完整等原则和主张。习近平主席强调："我们要坚持共商共建共享的全球治理观，坚持全球事务由各国人民商量着办，积极推进全球治理规则民主化。" 在坚持不干涉内政、尊重国家主权与平等的前提下，中国为妥善处理各种国际热点、难点问题提出中国方案，积极斡旋，避免危机恶化，促进问题的和平解决作出了重要贡献。

### 3. 互利共赢是中国外交的追求

随着经济全球化的深入发展，世界各国利益和命运更加紧密地联系在一起，很多问题不再局限于一国内部，也不再是一国之力所能应对，越来越需要各国通力合作、共同应对，才能实现互利共赢。党的十八大以来，习近平总书记倡导各国共同推动建立以合作共赢为核心的新型国际关系，强调应该求同存异、聚同化异，共同构建合作

时，中国将与国际社会一道，携手应对气候变化、恐怖主义、网络安全、能源资源安全、重大自然灾害等全球性挑战，共同呵护人类赖以生存的地球家园。

# 中美贸易摩擦解读

主讲人：杜莉

## 主讲人简介

**杜莉，**武汉大学经济学博士、教授、硕士生导师。现任世界经济研究所欧洲研究中心副主任，兼任中国美国经济学会理事、湖北省世界经济学会秘书长，商务部对外贸易专家工作组成员。先后获得首届全国高校青年教师教学竞赛一等奖（2012年），湖北省第二届青年教师教学竞赛一等奖（2010年）及武汉大学第四届青年教师教学竞赛一等奖（2008年）。2015年获评"全国五一巾帼标兵"，2010年被授予湖北省五一劳动奖章及"湖北青年教学能手"称号，2018年获武汉大学杰出教学贡献校长奖，曾获得湖北省女职工建功立业标兵、武汉大学第九届杰出青年、珞珈杰出女性等荣誉。

在《经济研究》《中国软科学》《世界经济研究》《国际贸易问题》等国内权威、核心期刊发表学术论文多篇，主持国家社科基金1项，教育部基金3项，省级教改项目1项。参与国家级、省级课题多项。2008年、2011年、2015年先后赴法国巴黎三大、美国本特利大学、澳大利亚麦考瑞大学从事访问研究，曾任台湾东吴大学的客座副教授。

## 内 容 简 介

　　中美两国的经贸往来源远流长，中美贸易关系发展至今，在广度和深度上超过了以往任何时代，已成为彼此最重要的贸易合作伙伴。尽管如此，中美贸易摩擦也时有发生，并在 2017 年以后不断升级，对两国甚至是世界经济产生了重大影响。

　　本课程向广大青年学生介绍了中美贸易的历史渊源、发展及近年来中美贸易摩擦不断的现状，深层次分析了中美贸易摩擦的实质是美国作为守成大国与崛起大国之间的全球性战略竞争，美国意在遏制中国崛起，防止中国对美国霸权形成挑战。从历史的角度分析预见中美贸易摩擦具有长期性和日益严峻性，并从理性的角度阐述中国应对贸易摩擦的态度和底气。

## 内 容 精 要

### （一）中美贸易摩擦的概况

#### 1. 中美贸易的基本面貌

　　中美两国的经贸往来已有 230 多年的历史。在 200 多年的时间里，两国关系并非一帆风顺，也曾走走停停。1950 年朝鲜战争爆发，中美关系进入敌对状态，中美贸易关系也由此中断。1972 年尼克松访华，1979 年两国邦交实现正常化，中美贸易关系开始进入一个新的发展阶段。历经 40 年的发展，中美已成为彼此最重要的贸易伙伴，在贸易摩擦开始之前的 2017 年，美国是中国的第二大贸易伙伴，第一大出口市场，第六大进口来源；中国是美国的第一大贸易伙伴，第三大出口市场，第一大进口来源。

　　中美贸易摩擦使双方都遭受了损失。根据纽约联邦储备银行测算，2018 年美国对华 2500 亿美元商品加征关税使美国消费者每年多支付 528 亿美元，平均每个美国家庭每年多支出 414 美元。根据美国咨询机构"全球贸易伙伴关系"的预测，如果再对 3000 亿美元中国输美产品加征 25% 关税，将导致美国失去 220 万个就业岗位，美国家庭平均成本增加 2389 美元,美国国内生产总值减少 1%。

## 2. 中美贸易摩擦的经过

此次贸易摩擦的起点可追溯到 2017 年 8 月 14 日,当天特朗普签署总统备忘录,要求美国贸易代表莱特希泽对中国展开"301 调查"。"301 调查"源自美国《1974 年贸易法案》的第 301 条款(也称"301 条款")。该条款授权美国贸易代表办公室可对其他国家的贸易做法展开调查,并可在调查结束后建议美国总统实施单边制裁,包括撤销贸易优惠,征收报复性关税等。美国无视国际规则,单方面地挑起贸易摩擦,是美国单边主义、经济霸权主义的典型体现。2018 年 3 月,特朗普再次签署备忘录,开始启动对华加征关税计划。2018 年 7 月 6 日,美国对第一批价值 340 亿美元的中国商品加征 25% 的关税,中国于当日进行了对等反制。随后,美方将贸易摩擦不断升级,中美贸易摩擦成为人类经济史上规模最大的"贸易战"。 2020 年 1 月 15 日,历时近两年的中美贸易战随着第一阶段协议的签署暂时告一段落。

## (二)中美贸易摩擦的原因

### 1. 美国意欲何为——平衡贸易逆差?

贸易不平衡是美方挑起此次摩擦的理由之一。按照中方统计,1993 年,中国首次出现 63 亿美元的小幅对美顺差,其后不断增长至 2017 年 2758 亿美元。按照美方统计,2017 年中美贸易差额已经高达 3752 亿美元。可见,中美贸易确实存在日益加剧的不平衡。并且,按美方统计,美中贸易逆差在其贸易逆差总额中所占比重由 2000 年的 19.2% 提升至 2017 年的 47.2%,再考虑到 2017 年美国总体贸易逆差创下 2009 年以来峰值的背景,中国"顺理成章"成为美国整体贸易不平衡的"罪魁祸首"。

中美贸易不平衡是多方面因素造成的。其一,全球化时代生产由不同国家的企业协作完成,在国际分工、生产链分割背景下,传统的贸易统计数据无法准确度量各参与国的实际利得情况。其二,美国长期对华实行高技术产品出口限制,对那些它认为可能会对国家安全构成威胁的出口,美国加以严格控制。近年来,中国的高技术产业快速发展,高技术产业的发展自然带动高技术产品出口的增长。于是,中美高技术产

### （三）中美贸易摩擦的应对

当前中美贸易摩擦的实质是守成大国与崛起大国之间的全球战略竞争，美国意在遏制中国崛起，防止中国对美国霸权形成挑战。短期表现为贸易摩擦频发，中期会出现科技领域较量，长期则会涉及规则与制度的调整甚至是重构。

这次贸易摩擦让我们深刻认识到深化改革的重要性与紧迫性，倒逼国内加速改革。无形中产生了三大倒逼力量——倒逼我们加强知识产权保护、倒逼我们加速自主科技创新、倒逼我们进一步完善公平竞争的市场环境。中美贸易摩擦可以视作中国发展成就的另类证明，它反证了中国科技兴贸、建设贸易强国、"一带一路"倡议、"中国制造2025"等战略方向完全正确。只要战略正确，我们就要更加坚定道路自信，坚信我们走的是正道，人间正道是沧桑。

历经40年的改革与发展，中国已经形成了一些明显的优势：第一，经济稳定发展。2018年，中国的经济增速位居世界前五大经济体之首。第二，市场足够大。中国是全世界最大的成长性市场，为全世界的企业带来无与伦比的机遇。第三，中国用几十年的时间走完了发达国家几百年走过的工业化历程，体量规模巨大，工业门类齐全。第四，创新动力十足。第五，制度优势明显。中国是世界上最稳定的国家之一，我们能够着眼长远，集中优势资源、整合资源集中力量办大事。这就是为什么，虽然与美国在经济实力上仍然存在差距，但是我们仍然能够坚定地表达"中国不愿打，不怕打，必要时不得不打"；这就是为什么面对美国不断的极限施压，我们仍然能够充满底气地说"中国经济是有韧性的"。我们需要站在更长的时间轴上，放宽历史视野，认清中国所处的历史方位，正视各种外部挑战。

对中美贸易摩擦最好的应对和反制就是保持定力耐力，坚定地沿着正道走下去，把自己的事做好。第一，坚持以经济建设为中心，一心一意谋发展，不断提升我国综合国力，不断改善人民生活。第二，坚定社会主义市场经济改革方向，加快推进全面深化改革。第三，全力增强创新能力，抢抓第四次科技革命的重大战略机遇。第四，不断扩大对外开放，打造全面开放新格局。

　　回顾历史，大变局多与血雨腥风相伴，国际秩序的坍塌和建设常常疾风骤雨、大开大阖。当前大变局总体呈现改良、和平、渐进式：不再走大国战争的老路、不再以推翻旧秩序为目标、不再是单一国家的崛起。其对人类发展进步影响的深度、广度、力度前所未有，会深刻改变世界政治经济版图。在这一秩序新旧交替、体系破立并举的转型过渡期，机遇与挑战并存，各种变化利弊皆有。中国主张构建"人类命运共同体"，是世界发展的历史必然，必将为世界上越来越多的国家和人民所认同和支持。

# 增强忧患意识
## 防范风险挑战

主讲人：范锡文

## 主讲人简介

**范锡文**，中共党员，博士，教授，硕士生导师。四川师范大学马克思主义学院副院长、四川师范大学课程思政研究中心副主任、四川师范大学"教学名师"、四川省高校形势与政策研究会秘书长、中宣部时事报告杂志社（四川版）特约编委。曾获四川省高校政治思想理论课"精彩一课"比赛一等奖、全国高校思想政治理论课教学骨干称号。近年来主要在《马克思主义研究》《当代经济研究》等期刊发表论文 20 余篇，参编著作 6 部，个人专著 1 部。主持并完成省级科研项目多项。主讲慕课《乡村振兴的时代意义与战略规划蓝图》《增强忧患意识 防范化解重大风险》上线"学习强国"，《共同抗疫 中国温度别样暖》上线新华网直播间。

## 内 容 简 介

党的十九大风险报告指出，要坚决打好防范化解重大风险，精准脱贫，污染防治的攻坚战，使全面建成小康社会得到人民认可、经得起历史检验。把防范化解重大风险放在三大攻坚战之首，彰显了中国共产党深沉的忧患意识。

本课程对党的十九大风险报告进行了全方位的解读，剖析了把握防范化解重大风险和现代化进程之间的内在逻辑，深刻分析了我国在当前发展关键期所面临的来自政治和意识形态领域、经济领域等的各种重大风险，并对相应的防范化解重大风险的举措和成效进行了列举和诠释。

## 内 容 精 要

十九大报告指出要坚决打好防范化解重大风险、精准脱贫、污染防治的攻坚战，使全面建成小康社会得到人民认可、经得起历史检验。把防范化解重大风险放在三大攻坚战之首，彰显了深沉的忧患意识，提醒全党时刻警醒、戒骄戒躁，在忧患中继续砥砺奋进。2019 新年伊始，在省部级主要领导干部坚持底线思维着力防范化解重大风险专题研讨班开班式上，习近平总书记就防范化解重大风险作出了深刻分析、提出了明确要求。

### （一）为什么说有效防范化解重大风险事关现代化进程？

十九大报告明确界定了 2035 年和 2050 年的发展目标，我们正处于一个大有可为的历史机遇期，越是取得成绩的时候也越是要有如履薄冰的谨慎，越要有居安思危的忧患。

#### 1. 第一个概念：中等收入陷阱

2006 年，世界银行《东亚经济发展报告》首次提出"中等收入陷阱"概念，是指一个经济体的人均收入达到世界中等水平（人均GDP在3000美元至12236美元阶段），由于不能顺利实现发展战略和发展方式的转变，导致新的增长动力特别是内生动力不足，经济长期停滞不前；同时，快速发展中积聚的问题集中爆发，两个核心问题：贫富差距拉大，腐败问题高发。如果不能化解将长期处在中等收入阶段，徘徊不前。

"中等收入陷阱"几乎成为发展中国家迈向现代化的魔咒，失败的教训不胜枚举。我国正处于跨越"中等收入陷阱"并向高收入国家迈进的历史关口，这道坎迈过去就可以实现"凤凰涅槃"，比肩发达经济体，迈不过去就可能和落入"中等收入陷阱"的发展中国家一样，止步不前。如果我们没有足够的风险意识，没能抗住处在中等收入阶段所面临的问题，那么全面建成小康社会的节奏就会中断。今天我们所面临的地区、城乡差距会进一步拉大，社会矛盾将进一步尖锐化，发展不充分、不平衡的矛盾会进一步凸显。

**2. 第二个概念："黑天鹅"和"灰犀牛"**

习近平总书记在多次场合都提到过这组概念。"面对波谲云诡的国际形势、复杂敏感的周边环境、艰巨繁重的改革发展稳定任务，我们必须始终保持高度警惕，既要高度警惕'黑天鹅事件'，也要防范'灰犀牛事件'。""黑天鹅"与"灰犀牛"是相互补足的概念，"黑天鹅事件"则是极其罕见的、出乎人们意料的风险，具有偶然性。"灰犀牛事件"是太过于常见以至于人们习以为常的风险，大概率且影响巨大的潜在危机。"灰犀牛事件"往往具有隐蔽性。

思危所以求安，虑退所以能进。风险孕育着成功转型的机会，能否防范和应对各类风险，是关系到能否实现决胜全面建成小康社会的目标以及开启全面建设社会主义现代化国家新征程。

**（二）当前面临的重大风险表现在哪些方面？**

在发展的关键期，更需要冷静面对风险挑战，要具有强烈的问题意识，既不忽视风险苗头和小概率风险，也不放过风险聚集点和大概率事件，知危方能图安。

### 1. 政治和意识形态领域的风险

改革进入"深水区"，深化改革中交织叠加的社会矛盾和问题依然存在，互联网时代加大了主流舆论引导的难度，意识形态领域的冲突和较量依然激烈，"颜色革命"风险依然存在，掌握意识形态领域斗争的主导权，进一步夯实党执政的阶级基础和社会基础，确保国家政治安全尤其是中国共产党的政权安全。

### 2. 经济领域的风险

从 2014 年经济进入新常态以来，我国经济增长速度逐步告别了高增长，转向中高速增长。经济发展面临的国际环境和国内条件都在发生深刻而复杂的变化。经济运行进入经济增速换挡期、结构调整阵痛期和前期刺激政策消化期三期叠加阶段。此时经济周期性的矛盾和结构性的矛盾交织在一起，局面更加复杂和严峻。经济大环境比较复杂加之产能过剩矛盾突显、债务杠杆连续攀升、影子银行快速膨胀、房地产价格增长过快、资本市场实现平衡的难度加大，矛盾和风险更多更复杂。

### 3. 科技领域的风险

科技领域安全是国家安全的重要组成部分。当前科技领域存在国家创新体系，解决资源配置重复、科研力量分散、创新主体功能定位不清晰等突出问题。当西方世界对中国的华为围追堵截时，更让我们意识到创新驱动是未来实现现代化的必由之路。从世界经济发展的趋势来看，引领一次工业革命和技术革命，就会在世界的前沿占据50 年甚至 100 年，19 世纪的英国、20 世纪的美国无一例外地印证了创新是驱动一国经济社会发展的重要引擎。

### 4. 社会领域的风险

从当前中国社会的总体形势看，整体平稳的同时存在着严重的社会风险。三农问题、腐败问题、贫富悬殊问题、就业问题、金融风险的加剧、安全生产问题、犯罪猖獗问题、诚信危机等这些问题中潜藏着巨大的社会风险，不少问题和矛盾还呈现出继续恶化的态势。

### 5. 外部环境的风险

中美经贸摩擦是外部环境中最大的不确定性因素。在这种背景下国内产业链、供应链将遭受显著冲击，对经济的负面影响也会更加深远。世界大变局加速深刻演变，全球动荡源和风险点增多，我国外部环境复杂严峻。

### 6. 党的建设面临的风险和考验

党的十八大以来，我们以自我革命精神推进全面从严治党。但是党面临的长期执政、改革开放、市场经济、外部环境的"四大考验"具有长期性和复杂性，党面临的精神懈怠、能力不足、脱离群众、消极腐败的"四大危险"具有尖锐性和严峻性。十八大以来取得了反腐败斗争压倒性胜利，但反腐败斗争还没有取得彻底胜利。必须以永远在路上的坚韧和执着，坚决打好反腐败斗争攻坚战、持久战。

## （三）防范化解重大风险的举措及成效有哪些？

在转型阶段，风险的成因更加复杂，社会诉求更加多元化，对风险性质和程度的判断往往很难达成共识，面对各种艰难险阻，既要迎难而上、敢啃硬骨头，也要培养专业能力、遵循规律办事。防范化解重大风险的举措首先需要完善风险应对机制和工具。当前面临的重大风险是发展带来的，只有通过进一步的发展来解决。

### 1. 通过全面深化改革，从源头上化解风险

保持战略定力，推动我国经济发展沿着正确方向前进，平衡好稳增长和防风险的关系，把握好节奏和力度，将规范和化解金融风险放在首位，党的十九大报告强调要守住不发生系统性金融风险的底线。通过持续努力，金融风险快速积累的态势有明显缓解。2017年随着国务院金融稳定发展委员会的成立，监管协调进一步改善。

### 2. 加大开放力度，提升抵御外部冲击的能力

改革开放40年三个重要的历史事件不容忽视，一是1978年十一届三中全会召开，二是2001年中国加入世界贸易组织，三是2013年习近平主席提出的"一带一路"倡议和构建人类命运共同体的理念。统筹国内国际两个大局、发展安全两件大事，既聚焦重点、又统揽全局，有效防范各类风险连锁联动。完善共建"一带一路"安全保障体系，坚决维护主权、安全、发展利益，为我国改革发展稳定营造良好外部环境。

### 3. 提高创新体系整体效能，增厚风险缓冲垫

要加快补短板，建立自主创新的制度机制优势，强化国家战略科技力量建设。建立风险预警机制，增厚风险缓冲垫，有助于及早处置风险或控制风险冲击范围。

### 4. 筑牢社会安全网，守住风险底线

筑牢社会安全网有助于壮大中等收入群体，改善收入分配格局。我国中等收入群体超过 4 亿，占总人口比重的 30%，只有当中等收入群体超过 50% 以上，橄榄型的社会结构逐步形成，贫富差距有效缩小，社会稳定机制得到增强，社会风险和矛盾化解，现代化才能真正完成。继续推进社会治理现代化，做好就业、教育、社会保障、医药卫生、食品安全、安全生产、社会治安、住房市场调控等各方面工作，提升民众的获得感和幸福感。

### 5. 加大舆论引导力度，形成共识

越是处于发展的转型期、社会矛盾多发期，越需要巩固壮大主流舆论力量，加大舆论引导力度，形成共识，构建合力。网络一方面提供便利的信息交流和生活方式，另一方面，网络舆情的引导难度加大，群体性、非理性、爆炸性是今天网络舆情非常明显的特点。要不断完善社会保障体系，大力培育中等收入群体，加快建立网络综合治理体系，推进依法治网。要加大对青年学生的思想政治教育，增强中国特色社会主义道路、理论、制度、文化自信。

### 6. 全面加强党的纪律建设，提升党的执政能力

进入新时代，全面深化改革工作向"深水区"推进，各项工作都有新的要求与标准，这都需要我党根据新时代的新任务不断强化自身建设，进一步提升执政能力。

只有充分认识和准确把握外部环境的深刻变化和我国改革发展稳定面临的新情况、新问题、新挑战，坚持底线思维，增强忧患意识，提高防控能力，着力防范化解重大风险，才能行稳致远。